ISBN : 978-2-211-09638-6

Texte traduit de l'anglais
Titre de l'ouvrage original : I LIKE BOOKS
Éditeur original : Walker Books Ltd.

Loi n° 49.956 du 16 juillet 1949 sur les publications
destinées à la jeunesse : mars 1989
Dépôt légal : février 2010
Imprimé en France par Pollina à Luçon - n°L51620

Diffusion l'école des loisirs
www.editions-kaleidoscope.com

Anthony Browne

J'aime les livres

kaléidoscope

J'aime les livres.

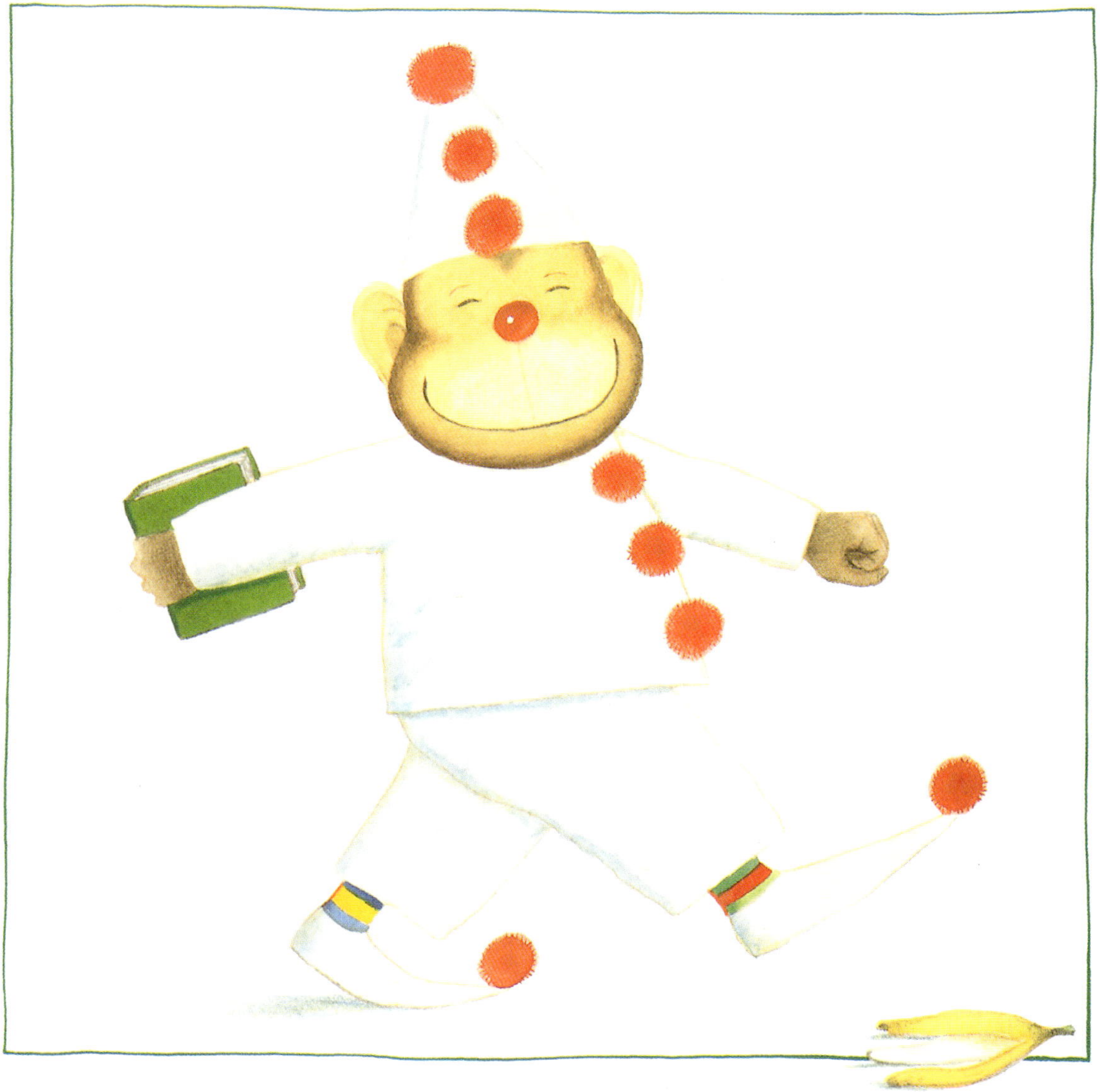

Les livres drôles…

et les livres qui font peur.

Les livres de contes...

et de comptines.

Les albums de bandes dessinées…

et les albums à colorier.

Les gros livres…

et les petits livres.

J'aime les histoires
de dinosaures

et les histoires
de monstres.

Les livres pour apprendre
à compter...

et les livres pour apprendre
l'alphabet.

J'aime les livres sur l'espace...

et les livres sur les pirates.

Les livres de chansons

et les livres étranges.

Oui, j'aime vraiment les livres.